Jörg Zink

Das Hohelied der Liebe

Kreuz Verlag

Horch! Mein Geliebter! Schau! Da kommt er!
Leichtfüßig gleich der Gazelle, stark wie ein Junghirsch!

Schau! Er steht hinter der Wand!
Schon sieht er durchs Fenster!
Er blickt durchs Gitter. Und horch! Er ruft:«

„Steh auf, meine Liebste!
Meine Schöne, komm heraus!
Schau! Der Winter ist vergangen,
der Regen vorüber, vorbei!
Blumen blühen aus der Erde,
die Stimme der Turteltaube gurrt über dem Land!
Am Feigenbaum färben die Früchte sich,
die Reben blühen und duften,
es ist Zeit zu singen!

Auf nun, meine Geliebte!
Meine Schöne, komm heraus!
Meine Taube, versteckt in den Felsklüften,
in den Ritzen der Bergwand.

Laß deine Schönheit schauen!
Laß hören deine Stimme!
Denn deine Stimme ist süß und lieblich deine Gestalt!«

Hoheslied 2,8–14

Das Hohelied der Bibel
ist ein rauschender Lobgesang auf die Liebe,
der in hinreißender Schönheit und Freiheit
von jungen Menschen redet und singt,
die einander finden, einander anschauen
und dabei in Begeisterung ausbrechen,
einander in die Arme schließen,
liebkosen und beglücken.

Sie suchen nach versteckten Plätzen in den Weingärten,
unter Zypressen oder auf Bergen,
wo sie ungestört sind mit ihrer Seligkeit.
Sie laufen einander in die Arme
und schenken einander ihre Hingabe,
wo immer sie ungesehen sind.
Sie singen es frei heraus,
daß die Liebe für sie die Kraft ist,
durch die das Wunderbare,
die Wonne und das Glück gedeihen.

Wechselgesang

Ein verschlossener Garten bist du,
meine geliebte Braut,
ein verriegelter Garten,
eine versiegelte Quelle.

Ein Lustgarten bist du, ein lieblicher.
Granatbäume wachsen darin
mit köstlichen Früchten.
Zypressensträucher und Narden,
Safran blüht darin, Würzrohr und Zimt
und köstliche Weihrauchbäume.
Eine Gartenquelle bist du,
ein Brunnen mit frischem Wasser,
der aus dem Libanon quillt.«

»Steh auf! Nordwind! Komm, Südwind!
Wehe durch meinen Garten,
daß seine Düfte verströmen.
Mein Geliebter komme in seinen Garten
und esse von seinen Früchten!«

»Ja, ich komme!
Ich komme in meinen Garten, geliebte Braut.
Ich pflücke die Myrrhe, den Balsam,
ich esse die Wabe und den süßen Honig.«

Hoheslied 4,12–16

In Zeiten, in denen man in der Christenheit
die leibliche Liebe als bedrohlich empfand
und sie moralisch einzugrenzen suchte,
sind diese Lieder oft religiös überhöht worden.
Man fand in ihnen Gleichnisse
für die Liebe der Seele zu Gott
oder die Liebe der Kirche zu Maria und Christus,
und es gibt wunderschöne Auslegungen dazu
etwa in der mittelalterlichen Mystik.
Aber die wirkliche religiöse Bedeutung liegt anderswo.

Um das Jahr tausend vor Christus
sind diese Lieder gesammelt worden.
Gedichtet, gesungen und getanzt wurden sie in viel älterer Zeit.
In der mythisch gesättigten Atmosphäre
rund um das alte Israel waren Erotik und Sexualität
vielfach der Tummelplatz von Geistern und Göttern aller Art,
und Angst und Beklemmung beherrschten sie weithin.
Israel sagte damals: Nein!
Die Liebe ist eine Gabe Gottes an freie Menschen,
denen er Freude zugedacht hat.
Überhöhungen oder Tabugesetze sind unnötig.
»Die Flammen der Liebe sind Flammen aus Gott«,
sagt eines dieser Lieder.

Du hast mich betört,
meine Geliebte,
verzaubert
mit einem einzigen Strahl
deiner Augen,
mit einer einzigen Perle
deiner Halskette.

Wie schön ist deine Liebe,
geliebte Braut,
wieviel kostbarer als Wein,
wieviel herrlicher
der Duft deiner Salben
als aller Balsam.

Süß wie Honig
sind deine Lippen,
süß wie Honig und Milch
dein Mund.
Der Duft deiner Gewänder
berauscht
wie der Duft des Libanon.«

Hoheslied 4,9–11

Vom Himmel reden die Liebenden,
vom Land ihres Traums und ihres Glücks.

Vom Himmel reden die Kinder,
vom blauen, bergenden Dach
mit den weißen Wolken,
auf denen die Engel mit den Füßen baumeln.

Vom Himmel reden die Hoffenden
als dem Ziel der Erlösten,
an dem die Welt und die Seele eins sind,
umfaßt vom liebenden Gott.

Was sollen wir über die Liebe reden,
schreiben, dichten –
wenn doch die Liebe teil hat an Gott?

Ist Gottes Geist das Feuer der Liebe,
so ist Gottes Geist in den Liebenden:
Der Geist, aus dem die Welt wurde,
schöpferisch aus ewiger Kraft,
im Geist und Herzen der Liebenden.

Ist Gott die Liebe,
so ist der Liebende sein Bild.
Nichts ist gut außer Gott –
und nichts im Menschen als seine Liebe.

Ich schlief.
Aber mein Herz war wach.
Horch!
Da klopft mein Geliebter:

›Tu mir auf, meine Geliebte!
Öffne mir, mein Täubchen,
denn mein Haupt ist voll Tau,
meine Locken voll der Tropfen der Nacht!‹

›Ich habe mein Kleid schon abgetan,
soll ich es wieder anziehen?
Meine Füße sind schon gewaschen,
soll ich sie wieder beschmutzen?‹

Mein Liebster
streckte die Hand durch den Türspalt,
und meine Seele bebte ihm entgegen.
Ich stand auf, endlich,
ihm zu öffnen den Griff des Riegels
mit feuchten Händen.
Meine Sinne vergingen,
als er zu mir sprach.

Ich öffnete ihm, meinem Liebsten,
aber da – da war er verschwunden!
Meine Seele brach aus meinem Leibe
vor Angst.
Ich eilte ihm nach, ich suchte ihn
und fand ihn nicht.
Ich rief!
Doch keine Antwort.

Die Wächter, die streifenden,
stellten mich in der Stadt.
Sie schlugen mich,
sie verletzten mich.
Sie nahmen den Schleier,
der mich verhüllte,
die Wächter der Mauern.

Ich beschwöre euch, ihr Töchter Jerusalems:
Findet ihr ihn, meinen Liebsten,
so sagt ihm, sagt ihm,
krank sei ich vor Liebe.«

Hoheslied 5,2–8

Die jungen Männer rufen:

Wende dich hin, wende dich her,
Sulamit!
Wende dich hin, wende dich her,
daß wir dich schauen!«

Andere antworten:

»Warum seht ihr Sulamit an,
die friedliche, stille,
als wäre sie eine Tänzerin?«

Hoheslied 7,1

»Wenn mein Geliebter im Kreis ist,
mein König im tanzenden Ring,
verströmt meine Narde ihren Duft.

Ja, ein Duftbeutelchen,
das zwischen meinen Brüsten ruht,
ist mein Geliebter für mich.

Eine Rispe von Cyperblumen
ist mein Geliebter für mich
aus den Weingärten
im blühenden Engedi.«

Hoheslied 1,12–14

Liebe sagt,
Liebe zeigt:
Laß uns ruhen.
Ich fange dich auf. Du mich.
Ich lasse dich ruhen und bleibe bei dir.

Ich will nichts tun und nichts leisten.
Ich will nur sein,
und ich will, daß du sein kannst.

Ich nehme dich, wie du bist.
Ich liebe dich und möchte,
daß du dein eigentliches Wesen,
deine eigene Gestalt,
deine Freiheit gewinnst.

Die du in den Gärten weilst,
wo die anderen alle
deine Stimme hören,
komm!
Sprich in der Stille mit mir,
in der Einsamkeit!«

»Ja,
gerne will ich dich finden,
allein,
nur du und ich.
So eile fort, mein Liebster,
und finde mich wieder!
Eile wie die Gazelle
und der junge Hirsch
auf den Balsambergen!«

Hoheslied 8,13–14

Braun gebrannt bin ich,
aber doch lieblich,
ihr Töchter Jerusalems!
Dunkel wie die Zelte der Hirten
in der Wüste,
wie die Zeltdecken in der Steppe.

Verachtet mich nicht,
weil ich dunkel bin,
weil die Sonne mich sah!

Zu viel verlangten die Söhne meiner Mutter
von mir:
Zur Hüterin der Weinberge
machten sie mich.
Meinen eigenen Garten
konnte ich nicht behüten.«

Hoheslied 1,5–6

Wir haben ein Schwesterlein,
das noch klein ist.
Es hat noch keine Brüste.
Was werden wir tun,
wir, ihre Brüder,
wenn ihre Brüste wachsen?

Ist sie eine Mauer,
so bauen wir
eine silberne Wehr darauf.
Ist sie eine Tür,
so verschließen wir sie
mit Zederbrettern.«

»Heute aber bin ich,
eure Schwester, selbst
wie eine Mauer,
wie Wehrtürme fest
sind meine Brüste.
Ich könnte mich wehren.
Und doch bin ich wehrlos
vor ihm wie eine,
die sich ergibt.«

Hoheslied 8,8–10

Wie schön bist du und wie lieblich,
du Geliebte, du Wonnevolle!
Dein Wuchs gleicht der Dattelpalme
und deine Brüste den vollen Trauben!
Ich dachte: Ich will die Palme besteigen,
greifen nach den Rispen der Datteln!
Ich dachte: Deine Brüste sollen mir munden
wie die Trauben des Weinstocks,
dein Hauch mich beglücken
wie der Duft der Äpfel!
Dein Kuß sei mir wie edler Wein,
der meinem Kuß begegnet
und die Lippen mir netzt, meinen Mund!«

»Ja! Wein, der dem Trinkenden Kraft gibt,
Wein, der über die Lippen
des Schlafenden huscht,
das bin ich für meinen Geliebten,
für ihn, der nach mir verlangt.«

Hoheslied 7,7–11

Zärtlichkeit ist wie ein Krug,
aus dem der andere trinkt,
wie ein Licht, das ihm seinen Raum hell macht,
wie ein Spiegel, der ihm zeigt,
wieviel er wert ist.

Sie ist der Schutz, den das Herz sucht,
auch das Herz des starken,
des sicheren und gewissen Menschen.

Sie erwacht in einem Augenblick
und kann doch das ganze Leben verzaubern.
Sie kommt ohne Worte aus
und drückt doch mehr aus
als alle Sprachen der Welt.

Du bist schön!
Ja, das ist wahr,
meine Geliebte,
du bist schön!

Deine Augen schauen
wie Tauben sanft
aus dem Schleier hervor.
Dein Haar wallt prächtig,
wie eine Ziegenherde herabwallt
vom Gebirge ins Tal.
Deine Zähne sind weiß
wie eine Herde
neu geschorener Schafe,
die aus der Schwemme steigen,
und jedes hat seinen Zwilling.

Wie ein scharlachfarbenes Band
blühen deine Lippen,
lieblich ist dein Mund.
Wie eine Scheibe
aus einem Granatapfel
leuchtet die Schläfe zart
aus dem Schleier.«

Hoheslied 4,1–3

Man sagt über Liebende,
die Welt versinke um sie her.
Sie sähen nicht, was um sie her vorgehe,
sie seien allein mit sich selbst.
Das ist wahr.
Denn die Art Welt, die uns voneinander trennt,
die Welt des Raums und des Abstands,
versinkt zwischen ihnen gleichsam
zu Asche.

Die Erscheinungen werden eingeschmolzen
in die Welt der Liebenden,
und aus ihr entstehen neue Worte,
Zeichen, Bilder von beglückender Schönheit.
Liebende verbrennen nicht nur die Welt,
die zwischen ihnen war,
sie bauen eine neue um sich her,
in der sie wohnen werden.

Komm, mein Liebster,
laß uns auf die Felder gehen,
über Nacht bleiben unter duftenden Blüten.
Früh laß uns aufstehen,
in die Weinberge wandern,
sehen, ob der Weinstock treibt,
ob die Knospen sich öffnen,
die Granatbäume blühen.
Dort will ich dir meine Liebe schenken.«

Hoheslied 7,12–13

»Wohin ist dein Geliebter gegangen,
du Schönste unter den Frauen?
Wohin hat sich dein Liebster gewandt?
Wir wollen suchen mit dir!«

»Nein, sucht nicht.
Mein Liebster stieg hinab
in den Garten seiner Wonne,
zu meinen Balsambeeten,
nach den Reben zu sehen, Lilien zu pflücken.
Bleibt fern unserem Garten!
Ich bin meines Liebsten,
und mein Liebster ist mein,
und er ergeht sich unter den Lilien!«

Hoheslied 6,1–3

Ich bin eine Narzisse von Saron,
eine Lilie im Tal.«

»Wie eine Lilie unter den Dornen, ja!
So ist meine Geliebte unter den Mädchen!«

»Wie ein Apfelbaum
unter den Bäumen der Wildnis,
so ist mein Geliebter
unter den jungen Männern.
In seinem Schatten
möchte ich sitzen,
und seine Frucht
ist meinem Munde süß!«

Hoheslied 2,1–3

Ein Haus weiß ich,
in dem trinkt man
die Fülle des Weins.
Ihr findet es,
ein Schild ist über der Tür:
das Zeichen der Liebe.
O, laßt mich ein!

Dort stärkt er mich
mit Rosinenkuchen
und labt mich mit Äpfeln,
denn vor Liebe bin ich krank.

Seine Linke
liegt unter meinem Haupt,
und seine Rechte liebkost mich.

Ich beschwöre euch,
Ihr Töchter Jerusalems,
daß ihr nicht aufstört, ja,
nicht weckt die Liebe,
bis es ihr selbst gefällt.«

Hoheslied 2,4–7

Schön bist du, meine Geliebte!
Ja, du bist schön!
Deine Augen blicken mich an
mit der Schönheit der Taube.«

»Auch du bist schön, mein Geliebter,
und lieblich.
Grün von Laub ist unser Lager.
Die Balken unseres Dachs
sind die Äste der Zedern.
Die Täfelung unseres Hauses
sind Zypressen,
in denen wir uns bergen.«

Hoheslied 1,15–17

»Es verströmen
die Liebesäpfel ihren Duft.
Köstliche Früchte
liegen vor unserer Tür,
frische vom Baum
und vom vorigen Jahr bewahrte.
Dir, mein Liebster,
habe ich sie aufgespart!«

Hoheslied 7,14

Was hat denn dein Freund voraus
vor anderen Freunden,
du Schönste unter den Frauen,
daß du uns so beschwörst?«

»Mein Geliebter glänzt weiß und rot
wie Milch und Blut, schöner als Zehntausend!
Sein Haupt ist wie Gold,
seine Locken fallen wie Dattelrispen,
schwarz wie das Gefieder der Raben.

Seine Augen sind sanft wie Tauben am Bach,
seine Zähne weiß, wie gebadet in Milch.
Seine Wangen blühen wie ein Balsamgarten,
seine Lippen leuchten wie Lilien.

Seine Hände sind wie reines Gold,
seine Hüften sind ein Kunstwerk aus Elfenbein,
seine Schenkel wie Säulen aus Alabaster
und bewaldet wie mit Zedern der Libanon!

Sein Mund ist süß und voll Schönheit,
und sein ganzes Wesen ist Wonne.
So ist mein Geliebter, ja, so ist er,
ihr Töchter Jerusalems!«

Hoheslied 5,9–16

O Geliebter, wärst du mein Bruder,
den meiner Mutter Brust genährt!
Träfe ich dich auf der Straße, würde ich dich küssen,
und niemand dürfte mich verachten!
Deine Linke läge unter meinem Kopf,
und deine Rechte liebkoste mich.
Du lehrtest mich die zärtliche Kunst,
und ich tränkte dich mit Würzwein
und dem Saft meiner Granatäpfel!«

Hoheslied 8,1–3

»Tränke mich
mit den Küssen deines Mundes!
Denn wonniger schmeckt deine Liebe
als Wein.
Zieh mich mit dir! Laß uns eilen!
Bring mich, mein König,
in deine Kammer!
Dort wollen wir glücklich sein,
wollen uns freuen,
uns berauschen an unserer Liebe
mehr als an Wein.«

Hoheslied 1,2–4

Das Liebesspiel ist uns gegeben,
damit wir in der Liebe glücklich seien.

Das ist der Garten,
in dem das Wunderbare gedeiht:
die Zartheit der Augen und der Hände,
des Herzens und des Leibes.

Zartheit – ihre verspielte Form
heißt Zärtlichkeit.
Zärtlichkeit gibt Schatten,
wenn die Sonne glüht,
sie gibt Wärme im Frost,
sie gibt das heitere Ruhen
und das glühende Spiel.

Vieles im Leben ist Spiel,
und vieles ist sinnvoll, weil es Spiel ist.
In der Liebe aber ist es
das Wunderbare, das Heitere, das Gelöste,
die Atmosphäre, in der das Glück gedeiht.

Was aber die Liebenden entdecken
in der Vertrautheit des Spiels,
das öffnet ihnen die Tür
zum Geheimnis der Welt,
zur heimlichen Würde aller Dinge.

Wie schön sind deine Schritte
in deinen Sandalen,
du Fürstentochter!
Deiner Hüften Rund
ist ein Werk aus Künstlerhand,
wie ein Halsgeschmeide.

Dein Schoß ist ein verborgenes Tal,
wie ein Krug,
dem es nie fehlt an frischem Trank.
Dein Leib ist weich und rund,
ein heller Berg aus Weizen,
umsäumt von Lilien.

Dein Haupt steht hoch
über deinem Hals,
schön wie der Karmel.
Die Haare deines Haupts
prächtig wie der Purpur
eines Königs.«

Hoheslied 7,2–6

Wie der Turm Davids
steht dein Hals aufrecht,
rund gebaut.
Wie tausend Schilde,
wie die Waffen von Helden
ziert ihn der Schmuck.

Wie zwei Kitzchen lieblich
sind deine Brüste,
wie Zwillinge
von Gazellenkindern,
die unter Lilien weiden.

Wunderbar schön bist du,
meine Geliebte,
ganz ohne Makel.

Wenn der Tag kühl wird,
wenn die Schatten fallen,
will ich gehen
zum Myrrhenberge,
zu dem Hügel,
da der Weihrauch duftet.«

Hoheslied 4,1–6

Liebe wird immer auch
eine Verwundung sein
und dem Leid sehr nahe.
Vielleicht begleitet den Liebenden
darum die Sehnsucht nach dem Tod
und nach dem Reich,
in dem Liebe ohne Leid ist.

Liebe wird immer leiden
unter der Unvollkommenheit des Liebens.
Und leicht gelten die Liebenden
als Fremdlinge in dieser Welt,
als Träumer, als Menschen,
die »von Sinnen« sind.

Und oft suchen sie einen Weg,
den ihnen niemand zeigen kann
und den nur ihr eigenes Herz weiß.

Sage mir an,
du, den meine Seele liebt,
wo du die Schafe weidest,
wo du sie lagerst
am Mittag?
Sonst muß ich dich suchen
wie ein verirrtes Schaf
bei den Herden deiner Gefährten!«

»Weißt du es wirklich nicht,
du Schönste unter den Frauen?
Folge deinem Herzen!
Folge den Spuren der Schafe!
Du wirst mich finden,
wenn du deine Zicklein weidest
bei den Zelten der Hirten!«

Hoheslied 1,7–8

Fangt die Schakale,
die falschen Schakale,
die Weinbergverwüster,
denn unsere Reben blühen!
Laßt sie nicht ein!

Laßt mich allein
mit meinem Geliebten,
denn er ist mein, und ich bin sein,
und er möchte weiden
unter den Lilien.

Wenn der Tag veratmet,
wenn die Schatten sich längen,
komm, mein Geliebter!
Komm zart wie eine Gazelle,
stark wie ein Junghirsch!
Komm in die Berge,
atme ihren Duft!«

Hoheslied 2,15–17

Nachts, auf meinem Bette liegend,
suchte ich ihn,
den meine Seele liebt.
Ich suchte ihn und fand ihn nicht.
Da sprach ich:
Ich will aufstehen, umherstreifen
in den Gassen der Stadt,
auf den Plätzen will ich ihn suchen,
den meine Seele liebt.
Ich suchte ihn und fand ihn nicht.

Ich traf die Wächter,
die die Stadt durchstreifen:
›Habt ihr gesehen,
den meine Seele liebt?‹
Ich eilte weiter, da fand ich ihn.
Ich hielt ihn fest
und ließ ihn nicht mehr los,
bis ich ihn brachte ins Haus meiner Mutter,
in ihr Gemach.«

Hoheslied 3,1–4

Hochzeitsspiel

Was kommt dort herauf
aus dem Tal,
duftend von Myrrhe und Weihrauch?
Schau! Salomos Sänfte!
Sechzig Helden rings um sie her
schützen sie, Helden Israels.

Mir hat der König
eine Thronhalle gebaut
aus Stämmen vom Libanon,
mit Säulen aus Silber,
mit einem Thronsitz
aus Gold und Purpur.

Ihr Töchter Jerusalems,
kommt und seht
den König Salomo,
den König von Israel
mit der Krone,
mit der seine Mutter ihn gekrönt hat
am Tag seiner Hochzeit,
am Tag der Wonne seines Herzens!«

Hoheslied 3,6–11

Liebe wandelt den Drang in Zartheit,
in die zarte, behutsame Phantasie.
Sie wartet, wenn Geduld nötig ist,
sie läßt nicht warten,
wenn der andere die zärtliche Antwort sucht.

Sie kann Anmut heißen, Zuneigung,
Trost. Sie hat viele Namen.

Sie heißt Geduld oder Hoffnung,
Herzlichkeit oder Mitleiden.

Sie kann Geborgenheit bieten
oder Begeisterung wecken.
Sie ist Schwingung des Herzens,
hinübergehend zum anderen
über das behutsame Wort
oder die zarte Berührung.

Liebe ist eine kleine Welt,
zwischen zweien spielend,
überschaubar wie ein Tag
zwischen Morgen und Nacht.

Liebe ist aber auch so weit
wie der Erdkreis,
groß wie die Welt.
Am Ende ist Liebe zwischen zweien
nur noch Gleichnis für das Geschick,
das alle Menschen gemeinsam bestehen.

Was dann wahr ist zwischen zweien,
ist wahr für viele.
Was einer in den Augen des Geliebten sieht,
ist das heimliche Gesetz aller Dinge.
Die Quellen des Glücks
werden zu Quellen des Heils aller Menschen.

Liebe geht immer davon aus,
daß das Wort ein Ohr findet,
auch wenn keine Antwort mehr ist.

Sie geht davon aus,
daß die Hand eine Hand fühlt,
auch wenn sie nichts mehr zeigt.

Liebe spricht weiter das Wort der Nähe,
der Hoffnung und der bleibenden Liebe.

Und sie dankt weiter, leise,
in das Ohr, das nicht mehr zu hören scheint.

Was aber kein Auge gesehen
und kein Ohr gehört hat
und in keines Menschen Herzen gekommen ist,
das hat Gott denen bereitet, die ihn lieben.

Was kein Auge sieht und kein Ohr vernimmt,
was kein Herz sich erdenkt,
das macht Gott aus den Liebenden.

Was kein Auge gesehen
und kein Ohr gehört hat
und in keines Menschen Herz gedrungen ist,
das hat Gott bereitet denen,
die ihn lieben mit ihrer kleinen Kraft.

Lege mich wie ein Siegel
an dein Herz,
wie eine Spange
an deinen Arm.
Denn stark wie der Tod
ist die Liebe,
mächtig die Leidenschaft
wie die Unterwelt.
Ihre Gluten sind Gluten Gottes,
ihre Flammen Flammen aus Gott.
Starke Wasser
können sie nicht löschen,
Ströme schwemmen sie nicht fort.
Wollte einer Liebe kaufen
um alle Güter seines Hauses –
er würde vor der Liebe zu Spott.«

Hoheslied 8,6–8

Das Hohelied der Liebe

Foto S. 13 Folklorefest im antiken Theater in Ephesus
S. 29 Fischer am See Genezaret
S. 33 Nomadenfrau in der Syrischen Wüste
S. 37 Schafherde in der judäischen Wüste

2 3 4 5 6 99 98 97 96

Postfach 80 06 69, 70506 Stuttgart, Tel.: (07 11) 78 80 30
Umschlaggestaltung: Jürgen Reichert, Stuttgart
Alle Fotos: Jörg Zink
Reproduktionen: Offset-Repro, Preiss, Gerlingen
Druck und Bindung: W. Röck, Weinsberg

ISBN 3 7831 1373 3

Jörg Zinks „Kleine Geschenke" im Überblick:

Alles Lebendige singt von Gott
In den vielen kleinen Dingen der zauberhaften Natur ist die lebendige Gegenwart des Schöpfers zu erfahren.

Am Ufer der Stille
Jörg Zink zeigt auf Fotos und in seinen Texten, in welche Tiefe und Weite das Lauschen auf die Stille führt.

Dein Geburtstag sei ein Fest
Jörg Zink ermuntert dazu, den Geburtstag als einen Höhepunkt des Lebens zu feiern und zu bedenken.
Es gibt die Texte dieses Buches auch von Jörg Zink selbst auf CD + MC gesprochen. Erhältlich überall im Buchhandel.

Für schlaflose Nächte
Statt »Schäfchen zu zählen«, empfiehlt Jörg Zink, sich sacht, ganz sacht in eine Herde schlafender Schafe zu betten.
Gute Gedanken für eine lange Nacht.

Ich werde gerne alt
Das Alter befreit von Zwängen und Verantwortungen und läßt Raum und Zeit für das, was das Leben mit Sinn erfüllt.
Es gibt die Texte dieses Buches auch von Jörg Zink selbst auf CD + MC gesprochen. Erhältlich überall im Buchhandel.

Ich wünsche dir Genesung
Auch der Kranke verfügt über gesunde Kräfte. Einsicht in den Sinn der Erkrankung kann der Anfang der Heilung sein.

Liebe ist ein Wort aus Licht
Ein Loblied auf die eheliche Liebe, das vom Sinn des gemeinsamen Wanderns erzählt.

Liebesbrief an eine Mutter
Ein Freund schreibt von der Weite und Freiheit, die der Frau auch dann zugedacht sind, wenn sie Mutter ist.

Mehr als drei Wünsche
Altersweisheit spricht aus den mit Humor gewürzten Texten, die zusammen mit den Fotos ein herzhaftes Geschenk bilden.

Meine Gedanken sind bei dir
Ein besonders zartes Geschenk für alle Liebenden, die getrennt sind.

Trauer hat heilende Kraft
Ein Besuch im Haus der Trauer, nicht um vorschnell zu trösten, sondern um durch Klage und Schmerz zu begleiten.
Es gibt die Texte dieses Buches auch von Jörg Zink selbst auf CD + MC gesprochen. Erhältlich überall im Buchhandel.

Unter weitem Himmel
Alle Grenzen, die wir sehen, können sich uns öffnen, unsere Freiheit beginnt, wo wir über Grenzen hinausschauen.

Unterwegs zur Weisheit
Was auf einem Lebensweg an Erkenntnissen gesammelt werden kann, ist der Inhalt dieses Buches.

Vertrauen in der Dunkelheit
Jörg Zink stellt sich den Fragen nach dem Bösen, nach millionenfachem Leid, nach Schuld und dem Dunkel in Gott.

Vielfarbiger Dank
Jede Blume mit ihrer besonderen Farbe deutet auf eine menschliche Eigenschaft hin, die Anlaß gibt zum Danken.

Was kommt nach dem Leben
Gibt es ein Danach, und wie haben wir es uns vorzustellen?

Wenn der Abend kommt
Meditative Fotos und Texte laden ein zu Sammlung und Gelassenheit.

Wo das Glück entspringt
Ein Geschenk für alle, die nach Glück suchen und dazu beitragen möchten, andere glücklich zu machen.